GOLDMANN
Lesen erleben

Buch

Werdende Mütter haben ihren Mutterpass, werdende Väter haben jetzt – endlich – auch das passende Kalendarium für die aufregenden und alles verändernden Monate bis zur Geburt ihres Kindes. Ihr ganz persönlicher Schwangerschaftskalender weist auf kleine und große Veränderungen hin, erinnert an wichtige Erledigungen und tröstet bei unausweichlichen Gefühlseinbrüchen. Daneben ist Platz für Einträge eigener Erfahrungen und Empfindungen jeder Art. Und es macht Spaß, später noch mal nachzugucken, wie das »damals« so war, als alles im Werden war.
»Papas Schwangerschaftskalender« ist der perfekte Begleiter durch die Schwangerschaft mit hilfreichen Tipps, wichtigen Hinweisen, aufmunternden Worten und viel Humor!

Autor

Kester Schlenz, geboren 1958, ist Autor zahlreicher erfolgreicher Väter- und Kinderbücher. Er studierte Sprachwissenschaften und Psychologie und arbeitet als Kultur-Redakteur beim *Stern*. Schlenz ist verheiratet und hat zwei Kinder.
www.kester-schlenz.de

Von Kester Schlenz außerdem im Programm

Mensch, Papa!
Gute Nacht, Papa!
Bleib locker, Papa!
Bekenntnisse eines Säuglings
Alter Sack, was nun?
Leg' los, alter Sack!
Kalender für Alte Säcke
Der kleine Phrasendrescher
Mutti baut ab
Ich bin bekloppt

Kester Schlenz

Papas Schwangerschafts-kalender

Mit Illustrationen
von Detlef Kersten

Penguin Random House Verlagsgruppe FSC® N001967

2. Auflage
Vollständige Taschenbuchausgabe August 2013
Wilhelm Goldmann Verlag, München,
in der Penguin Random House Verlagsgruppe GmbH

Umschlaggestaltung: Uno Werbeagentur, München,
nach einer Vorlage von Eisele Grafik-Design
Umschlagmotiv: Detlef Kersten
Illustrationen: Detlef Kersten
Satz: Buch-Werkstatt GmbH, Bad Aibling
Druck und Bindung: PBTisk, a.s., Pribram, Tschechische Republik
KW · Herstellung: IH
Printed in the Czech Republik
ISBN 978-3-442-17379-2

www.goldmann-verlag.de

Vorwort

Zugegeben: Es ist etwas ungewöhnlich, einen Kalender zu produzieren, der nur 40 Wochen umfasst. Aber diese 40 Wochen sind eben etwas ganz Besonderes. In dieser Zeit werden Sie Vater. Und ich kann Ihnen sagen: Das ist eine ziemlich aufregende Sache. Anfangs wirkt alles noch reichlich abstrakt. Aber dann wird auf einmal der Bauch Ihrer Partnerin dicker. Das Kind bewegt sich. Sie sehen es erstmals per Ultraschall. Der Geburtstermin rückt näher. Sie freuen sich. Sie kriegen Panik. Sie haben Angst vor der Geburt. Ihre Partnerin erst recht. Und und und.

Dieser Kalender soll Sie auf dem aufregenden Weg zum Vater-Sein auf entspannte Weise begleiten. Hier lesen Sie, was alles auf Sie zukommt. Hier erfahren Sie, wie man sich wann fühlt, was im Körper Ihrer Frau vor sich geht, was Sie beachten sollten und getrost vergessen können. Auf was Sie sich freuen und was Sie in Kauf nehmen müssen. Und nicht zuletzt können Sie selbst in diesem Kalender Ihre ganz persönlichen Gedanken und Gefühle notieren. Glauben Sie mir, es macht Spaß, später noch mal nachzugucken wie man damals so »drauf war«, als alles im Werden war. Nicht nur Sie selbst werden das später gerne lesen …

Ich wünsche Ihnen und Ihrer Familie, dass alles glatt geht. Willkommen im Club!

Ihr
Kester Schlenz

Ihre Frau ist schwanger? Und Sie freuen sich, nicht wahr? Ist ja auch total klasse, eigentlich. Aber Sie fragen sich auch, ob Sie das auch wirklich wollen – Vater werden. Verantwortung und so. Weniger Freiheit. Womöglich allein verdienender Ernährer. Windeln und Kinderzimmer. Die Frau mit anderen teilen ... Aber laut sagen darf man das ja nicht. Man hat sich gefälligst wie Bolle zu freuen. Laut und ausschließlich ... Aber wissen Sie was? Ihre Selbstzweifel sind nicht nur in Ordnung – sie sind sogar gesund. Weil sie helfen, sich auf das richtig vorzubereiten, was kommt: nämlich ein wunderbarer, aber auch ziemlich anstrengender lustiger kleiner Mensch, der zur Hälfte aus Ihrem Gen-Material zusammengebaut wurde. Ein wunderbarer Mensch, wie gesagt. Aber es kommen eben auch Entbehrungen wie: schlaflose Nächte, Existenzängste und eine schleichende Verspießerung, egal, wie fest man auch dagegen ankämpft. Aber wissen Sie was: Jeder, den ich kenne, hat diesen Preis gern bezahlt. Also Kopf hoch. Wenn der Zwerg oder die Zwergin erst da ist, geht die Post ab! Ändern können Sie ja sowieso nix mehr. Der Countdown läuft, und ich sage nur: Houston, wir haben eigentlich kein Problem!

1. *Woche*

Mo

Noch ist es kaum zu fassen. Schwanger! Es finden ganz außergewöhnliche Veränderungen im Körper Ihrer Frau statt. Zum Beispiel wird der Busen größer. Ist doch knorke, oder?

Di

Mi

Do

Fr

Sa

So

Wenn Ihre Frau jetzt anfängt, sonderlich zu werden, so ist das kein Grund zur Besorgnis. So ist das bei Schwangeren. Sie wird z. B. ohne Ankündigung brechen, ohnmächtig werden, ungeheure Mengen an Nahrung vertilgen und womöglich zur Unzeit Lust auf Sex haben, z. B. wenn Sie sich gerade auf den Weg zur Arbeit machen wollen. Ist doch egal. Nehmen Sie eben 'ne Bahn später.

2. *Woche*

Mo

Di

Mi

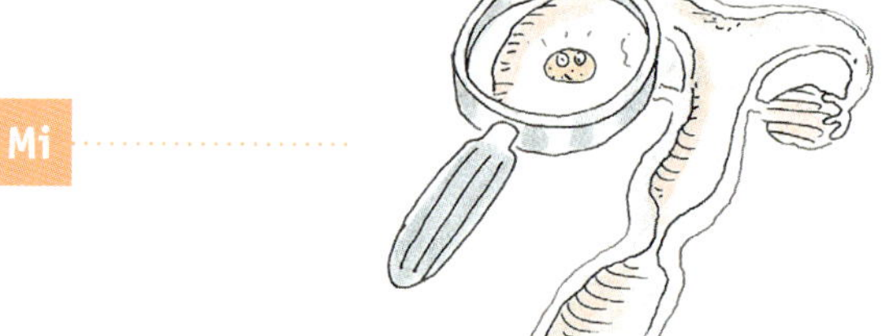

Do

Fr

Sa

So

Okay, Ihre Frau oder Freundin ist also schwanger. Die Sache ist noch ganz frisch. Sie haben gar keine so rechte Vorstellung davon, was da jetzt im Bauch Ihrer Partnerin heranwächst. Okay, personalisieren wir es. Geben wir dem Ding einen Namen. Und da wir noch nicht wissen, ob es ein Junge oder Mädchen wird, suchen wir uns am besten einen geschlechtsneutralen aus. Nennen wir die Leibesfrucht doch einfach: Horst-Maria. Okay, also Horst-Maria ist im Augenblick noch kaum zu erkennen. Ein kleiner Zellhaufen, auf dem Wege von den Eileitern in die Gebärmutter, in dem aber schon jede Menge los ist. Es wird sozusagen das Fundament des zukünftigen Menschen gelegt. Im Folgenden erfahren Sie in regelmäßigen Abständen, wie groß Horst-Maria ist und was es schon kann.

3. *Woche*

Mo

Gewöhnen Sie sich doch schon mal an Ihre neuen Rufnamen. Also: Hallo Papa, Vati, Paps, Papilie, Alter, Daddy, Gnatzkopf, Müdemann, Penner, Blödmann, Gesichtsältester, Gruftie, Mumie, Alterspräsident, Runzelfresse, Faltensack …

Di

Mi

Do

Fr

Hey, haben Sie schon mal darüber nachgedacht, dass Sie sich jetzt neun Monate lang auf jeder Fete die Lampe begießen können? Ihre Partnerin fährt ja, weil sie nix trinken darf.

Sa

So

4. *Woche*

Mo

Di

Mi

Sie sind gestern in der S-Bahn gefahren und eine Schulklasse stieg zu. Laute, enthemmte Kinder ohne jede Rücksicht. Kleine Monster! Und es kamen Aggressionen in Ihnen hoch, nicht wahr? Und nun denken Sie, dass Sie womöglich gar keine Kinder mögen und nicht zum Daddy taugen. Quatsch, auch begeisterte Väter verlassen fluchtartig das Abteil, wenn Kindergruppen einfallen. Sie dürfen diese kleinen Unholde ruhig ätzend finden. Sind ja nicht Ihre, Mann.

Do

Fr

Sa

So

Und übrigens: Um Horst-Maria herum bildet sich jetzt die Plazenta – die Baustelle für Ihren Nachwuchs, sozusagen.

Geduldsproben

Eines gleich mal vorweg: Sie werden als Vater eine Menge Geduld brauchen. Im ersten halben Jahr durchschlafen? Har, har ... nix da. Drei-, viermal hoch in der Nacht is nix: wickeln, füttern, trösten, singen, rumlaufen. Und einen Säugling mit Brei füttern – eine Geduldsprobe ohnegleichen. Es geht anfangs stets mehr daneben als rein ins Kind. Aber immer wieder werden Sie belohnt werden – mit einem unglaublich bezaubernden Lächeln, lustig-wohligen Grunzgeräuschen und natürlich mit diesem unbeschreiblich wunderbaren Gefühl, einen warmen weichen entspannten Babykörper im Arm zu spüren. 16 Jahre später brauchen Sie noch mehr Geduld – und die Belohnung fällt aus. Stellen Sie sich folgende Situation vor: Urlaub in Dänemark. Die Familie hat Hunger. Sie kehren in ein Café ein. Die Frau möchte einen Pfannkuchen mit Apfelmus, aber ohne Zimt. Sohn eins will einen mit Himbeeren, aber ohne Sahne. Sohn zwei gibt keine Bestellung auf. Die Kopfhörer des voll aufgedrehten MP3-Players übertönen alles. Man tippt ihm auf den Arm. Genervtes Gesicht. Er will auch einen Pfannkuchen mit irgendwas. Man bestellt. Die

Pfannkuchen kommen. Es ist Sahne bei den Himbeeren. Die Frau hat Zimt zum Apfel. Sohn eins ist umgehend beleidigt. Mutter bietet sich an, die Sahne abzukratzen. Sohn eins behauptet, die Sahne sei aber überall. Und nein, den mit Apfelmus wolle er nicht. Wegen Zimt. Und sowieso. Pfannkuchen für Sohn zwei kommt. Man reicht ihm denselben mit warmen Worten rüber. Er reagiert nicht. Gothic-Rock übertönt alles. Etwas heftigeres Antippen auf den Arm. Verständnisloses Gesicht. Die Kopfhörer bleiben auf. Man zeigt auf den Pfannkuchen. Angewiderter Blick. »Doch nicht mit Apfelmus!« schreit er. Leute mit voll aufgedrehten MP3-Playern pflegen sehr laut zu sprechen. Man schreit jetzt auch: »Jetzt friss den verdammten Pfannkuchen!« Die Leute gucken. Sohn zwei nimmt mit demonstrativer Gelassenheit die Kopfhörer ab und sagt leise: »Papa, jetzt mach doch nicht so'n Stress.«

Ich sagte ja: 16 Jahre später brauchen Sie eine Menge, eine ganze Menge Geduld. Aber trösten Sie sich: Lieben werden Sie die Typen trotzdem wie verrückt. Und sich gar nicht vorstellen können, ohne sie in den Urlaub zu fahren. Klingt komisch? Ist aber die nackte Wahrheit. So ist das, wenn man Kinder hat.

Ich darf Sie an dieser Stelle herzlich beglückwünschen, dass Sie zeugungsfähig sind. Ja, nun gucken Sie nicht so, als ob ich hier steilen Unfug reden würde. Das ist heute beileibe keine Selbstverständlichkeit mehr. Als Journalist kenne ich zahlreiche Fälle, wo es entweder beim Mann oder der Frau aus irgendwelchen Gründen nicht klappt. Und das kann ziemlich traurig sein. Und so was wird immer häufiger. Nun, bei Ihnen beiden ist ja diesbezüglich alles in Butter. Und auch darüber sollte man sich mal freuen. Keine nervigen Arztbesuche, keine Minderwertigkeitsgefühle, keine Leihmütter, keine Samenbank-Überfälle. Und deshalb rufen Sie jetzt bitte laut: Herrlich – ich kann Erben zeugen. Bald seht ihr die Frucht meiner Lenden. Meine Spermien sind so was von hyperschnell und energiegeladen. Ich bin … na ja, ich glaube, wir machen hier jetzt besser Schluss. Könnte ja jemand in den falschen Hals kriegen, dieses pornöse Gegröle. Also so was.

5. *Woche*

Mo

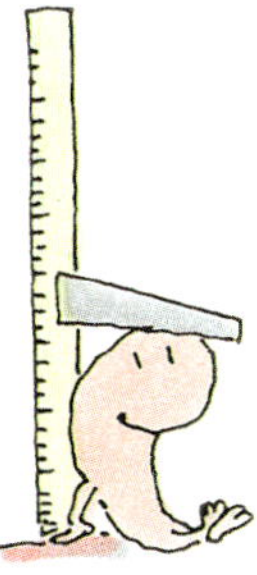

Di

Horst-Maria ist jetzt noch ziemlich klein. Der Embryo ist gerade mal popelige 2 Millimeter groß, aber das genetische Programm läuft auf Hochtouren, um aus dem Zellklumpen einen ganzen Menschen zu bauen.

Mi

Do

Fr

Hier ein paar Filme, die Sie in den nächsten Monaten mit Ihrer Partnerin nicht mehr schauen dürfen:
»Die Wiege des Bösen« (Hier werden Killerbabys geboren)
»Rosemaries Baby« (Der Teufel als Papa? – Bäh!)
»Alien« (wegen der Bauchszene – Sie wissen schon)
»Popstars« (Damit Sie nicht sehen müssen, was alles aus niedlichen Kindern werden kann)

Sa

So

6. *Woche*

Mo

Di

Mi

Ach, eigentlich können Sie sich jetzt schon mal darauf einstellen, dass Sie in Kürze sonntags morgens um 6 Uhr von einem knackwachen Kind geweckt werden, das sie schüttelt und fragt: »Papa, welche Tiere haben Hufe?«

Do

Fr

In der 6. Schwangerschaftswoche ist Horst-Maria bereits etwa 6 Millimeter groß. Man kann schon den Kopf, Rumpf und die Gliederknospen erkennen.

Sa

So

7. *Woche*

Mo

Ach, Horst-Maria – was bist du groß geworden! Schon 10 Millimeter! Rückenmark und Gehirn sind fast vollständig angelegt. Weiter so!

Di

Mi

Do

Fr

Sa

Schauen Sie sich doch einfach schon mal ein paar Spielplätze an. Denn dort werden Sie bald an Sonnabenden und Sonntagen lange auf irgendwelchen Bänken sitzen und rufen: »Nicht den Sand essen.« Oder: »Halt dich gut fest, Moppelbär.« Oder auch: »Bitte, lass uns endlich nach Hause gehen. Mama wartet doch schon.« Sie können auch ehrlich sein und sagen: »Ich will doch so gern Fußball gucken«.

So

8. *Woche*

Mo

Di

Horst-Maria wächst und wächst. Bis zu 2,5 Zentimeter groß kann es schon sein. Das Herz macht 140 bis 150 Schläge in der Minute, doppelt so viele wie das der Mutter. Der Vater stellt jetzt fest: Die Brüste meiner Partnerin sind deutlich größer geworden. Herrlich!

Mi

Do

Fr

Sa

So

Unten rum

Ihr Kind ist zwar noch nicht geboren – aber Sie sollten sich schon jetzt Gedanken über ein paar sprachliche Dinge machen. Es geht um die Bezeichnung der kindlichen Körperausscheidungen. Kinder lernen ja durch das Sprachbad, dem die Eltern sie aussetzen. Sie werden Sie imitieren und Ihr Vokabular nach und nach übernehmen. Und Sie werden gerade beim Wickeln – keine anspruchsvolle Tätigkeit – viel mit Ihrem Nachwuchs reden. Und natürlich wird es da um Urin und Kot gehen – da können wir jetzt nicht drum rum reden. Sie werden Sätze sagen wie: »So jetzt kommt die Windel runter und – hui, da hast du ja einen ordentlichen … ja, was? Haufen gemacht? Brikett in die Windeln geballert? Stück Kohle aus'm Kreuz gedrückt? Gekotet?? Ja, gar nicht so einfach, da die richtigen Worte zu finden. Es geht wissenschaftlich: »Kind, du hattest ja reichlich Stuhlgang!« Man kann es derb formulieren: »Oh, Scheiße, Mann!« Es geht dadaistisch: »Haddu AA demacht?« Oder zünftig: »Ja mei, dös is aber a saubere Wurscht!« Klingt aber alles … nun ja … irgendwie Kacke, oder? Mein Vorschlag für Horst-Maria: fürs »kleine Geschäft«

das zünftig niedliche »pieseln« oder »pieschern«. Für feststoffliche Verbindungen schlage ich das norddeutsche Verb »schietern« vor. Das Endergebnis darf meines Erachtens ruhig neutral »Wurst« heißen. Es geht aber auch »Klöben«, »Bratze« oder »Amboss«. Ihrer Phantasie sind praktisch keine Grenzen gesetzt.

Wissen Sie, worauf Sie sich jetzt schon mal besonders freuen können? Auf das Einkaufen! Das Einkaufen von Spielzeug. Sie wissen ja gar nicht, was alles passiert ist, seit Sie das letzte Mal selber mit Ihrem mühsam zusammengekratzten Taschengeld in den klebrigen Fingern durch ein Spielzeuggeschäft gestrichen sind. Es gibt so unglaublich viele neue, derartig heiße Spielzeuge, dass es nur so kracht im Gebälk: total abgefahrene Raumschiffe und programmierbare Roboter von LEGO, neue Playmobil-Piratenschiffe mit wirklich schießenden Kanonen, interaktive Kuscheltiere, Monster in allen Varianten, Saurier, Jedi-Ritter-Schwerter, rattenscharfe Barbie-Puppen und … ach, was soll's. Gehen Sie doch einfach ins nächste Kaufhaus in die Spielzeugabteilung und gucken Sie selber nach. Bei den Spieluhren und Kuscheltieren sollten Sie schon mal länger stehen bleiben. Denn das werden die ersten Geschenke für Ihr Baby sein. Schauen Sie gut hin, ordnen Sie, machen Sie sich Notizen, und wenn dann all die Omis, Opis, Tanten, Onkels und Freunde fragen, was Horst-Maria denn zur Geburt kriegen soll, dann antworten Sie ganz cool: »Also frei sind noch: die Spieluhr mit der roten Mütze von der Firma Sigikid, und von den Steiftieren fehlen uns noch die Löwin, das Eichhörnchen und die Katze. Aber nicht die, die liegt, sondern die andere, die so sitzt. Weil die, die liegt, hat Oma schon gekauft. Und Onkel Dieter auch. Aber der hat sie schon gegen den Pinguin getauscht. Den findet er aber blöd und will nun noch eine Maus kaufen. Aber die Nagetiere sind schon komplett vergeben. Aber dann dachte ich mir, dass man ja als Kind gar nicht genug Mäuse haben kann. Äh, wo war ich stehen geblieben?«

Mo

Di

Horst-Maria wiegt jetzt ungefähr so viel wie eine mittelgroße Weintraube!

Mi

Do

Fr

Sa

So

Ein Wort zum Thema Bauch. Mann, ich kann Ihnen sagen: Freuen Sie sich drauf. So ein Schwangeren-Bauch – das ist wirklich eine Sensation. Ungeheuer prall und fest. Da kann man stundenlang dran rumkneten. Als wenn ein Medizinball unter die Haut implantiert worden wäre. Na ja, das ist vielleicht kein so guter Vergleich. Aber auf jeden Fall ist das Ganze ein sinnliches Vergnügen erster Güte.

10. *Woche*

Mo

Die Gebärmutter hat jetzt etwa die Größe einer mittelgroßen Orange und befindet sich immer noch im Becken.

Di

Mi

Do

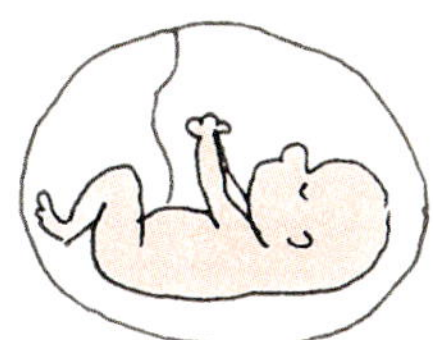

Fr

Sa

In der 10. bis 11. Schwangerschaftswoche ist Horst-Maria bereits auf die stattliche Größe von mindestens 4 Zentimetern herangewachsen. Der Embryo heißt jetzt Fötus. Das Risiko einer Fehlgeburt nimmt jetzt ab. Und endlich lässt auch die Übelkeit bei Ihrer Partnerin nach.

So

11. *Woche*

Mo

Jetzt wird es Zeit, sich um einen Schwangerschaftskurs zu bemühen, weil die immer ziemlich ausgebucht sind. Unbedingt das Angebot vergleichen und Leute befragen, die schon mal einen mitgemacht haben. Das Ganze kann sehr hilfreich, aber auch ungeheuer nervig und peinlich sein. Oder haben Sie als Mann Lust, in eine fiktive Gebärmutter zu atmen? Trotzdem: Unterm Strich ist so ein Kurs auch für den werdenden Vater eine ziemlich gute Sache, weil er ihn auf einige heftige Dinge während der Geburt gut vorbereiten kann.

Di

Mi

Do

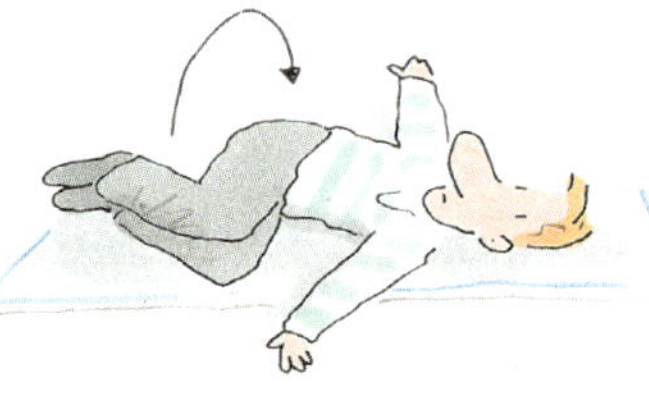

Fr

Sa

So

12. *Woche*

Mo

Di

Obacht, meine Damen und Herren – wer's vergessen hat: Um die 12./13. Schwangerschaftwoche ist die erste Vorsorge-Untersuchung beim Frauenarzt fällig. Von jetzt an sollte Ihre Partnerin bis zur 32. Woche alle vier Wochen dort hingehen.

Mi

Do

Fr

Sa

So

Ihre Frau darf ja jetzt eine ganze Zeit lang keinen Alkohol mehr trinken. Sie schon. Aber soll ich Ihnen mal was sagen? Es kommt supergut an, wenn Sie sich in ihrer Gegenwart ebenfalls die nächsten Monate zurückhalten. Das macht es ihr leichter, bei einem guten Essen auf ein schönes Glas Rotwein zu verzichten. Ich habe mir dann zum Ausgleich gelegentlich mit meinen Kumpels dezent die Lampe begossen. Zu Hause aber blieb ich aber so was von trocken.

TV-Total

Ob Sie es wollen oder nicht: Ihre Kinder werden fernsehen. Wenn nicht bei Ihnen zuhause, dann bei Freunden, wo sie zum Spielen sind. Es ist also wichtig, Sie beizeiten an das Medium zu gewöhnen. Ich habe hier den ultimativen Tipp für Sie: Besorgen Sie sich jetzt schon mal die wunderbaren Marionettenabenteuer der Augsburger Puppenkiste, zum Beispiel »Jim Knopf und Lukas, der Lokomotivführer« oder »Urmel aus dem Eis«. Gibt es alle auf DVD. Die sind kindgerecht inszeniert, ohne hektische Schnitte, erzählen wunderbare Geschichten und stecken voller Humor und Hintersinn. Und Sie werden auch Ihren Spaß haben. Warum ich Ihnen das jetzt schon sage? Na, weil man sich gar nicht früh genug die richtige Cinemathek für die Kids zusammenstellen kann. Bedarf gibt es ständig, und in der Glotze läuft oft nur Mist. Gelobt werden muss hier aber mal der werbe- und gewaltfreie Kinderkanal des öffentlich-rechtlichen Fernsehens. Super-RTL und Co. machen zwar mehr Quote, senden aber auch jede Menge Flachsinn und Radau. Das gucken die Kids später zwar sowieso. Aber solange Sie noch den Daumen an der Fernbedienung haben: Kika gucken oder Augsburger Puppenkiste auf DVD! Später dann – wenn der Nachwuchs so weit ist – Bud Spencer und Terence Hill – das werden sie lieben!

Ob Sie's wollen oder nicht. Sie werden sich bald mit den Interpreten von Kindermusik beschäftigen müssen. Das sind meist Menschen, die grausig liebreizend grimassieren und doofe Lieder singen. Aber ein paar Ausnahmen gibt es: Der Mann heißt Rolf Zuckowski, und ich lernte ihn (gemeinsam mit meinen Kindern) lieben. Auch Sie werden ihm verfallen. Wahrlich, ich sage es Ihnen. Gewöhnen Sie sich schon mal an seine Hits wie »Papa, bist du müde?«, »Nackidei« oder »Ich bau mir eine Höhle«. Echt krasse Songs, das! Und wenn Sie mit Ihrem Kurzen dann Geburtstag feiern, brauchen Sie nicht mehr das öde »Happy Birthday to You« zu grummeln. Nein, Rolf hat da was viel Besseres im Angebot. Der Song fängt so an: »Wie schön, dass du geboren bist. Wir hätten dich sonst sehr vermisst.« Das hat doch Soul, oder etwa nicht?

13. *Woche*

Mo

Di

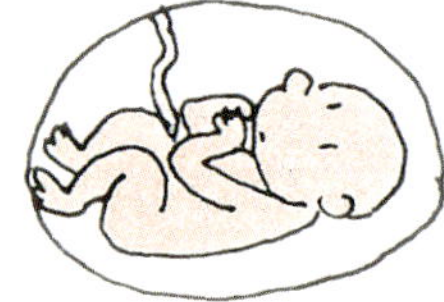

Im Bauch Ihrer Frau entwickelt sich gerade eine Art »Schutzraum«. Die Fruchtblase mit dem Fruchtwasser bildet eine Art Polster gegen Stöße und hält die Temperatur konstant. Horst-Maria hat also einen Airbag.

Mi

Do

Fr

Sa

So

Es mag Ihnen vielleicht ein bisschen früh vorkommen – aber warum beginnen Sie nicht jetzt schon einmal, sich in einer Buchhandlung Kinderbücher anzuschauen? Das bereitet stimmungsmäßig gut auf die kommenden Jahre vor. Und Sie werden staunen: Da gibt es ein paar echte Knaller, die auch Erwachsenen Spaß machen. Zum Beispiel den Klassiker »Wo die wilden Kerle wohnen«. Oder das Bilderbuch »Wer hat dem Maulwurf auf den Kopf gemacht?« Da versucht der Titelheld die ganze Zeit über rauszufinden, wer ihm auf den Kopf geknattert hat und fragt alle möglichen Tiere. Die sehen sich den kleinen Haufen auf dem Kopf des Maulwurfs an, leugnen und sagen: »Ich war's nicht. Ich mach so.« Und dann ködeln und äppeln sie los. Ehrlich – das Buch gibt es wirklich. Man lernt da eine Menge über Tiere und ihre Verdauung. Sehen Sie … jetzt kriegen Sie ja tatsächlich Lust auf Kinderbücher.

14. *Woche*

Mo

Die Gebärmutter ist jetzt etwa so groß wie eine Pampelmuse. Horst-Maria hat bereits Augenbrauen und nimmt ab und zu einen kräftigen Schluck Fruchtwasser. Prost!

Di

Mi

Do

Fr

Sa

Einkaufen ist angesagt. Ihrer Frau wird jetzt nämlich die Kleidung zu eng. Lassen Sie sich nicht lumpen. Her mit den coolen Sachen. Es muss ja nicht gleich Versace sein.

So

15. *Woche*

Mo

Das Herz Ihrer Partnerin leistet jetzt etwa 20 Prozent mehr als früher. Ganz einfach, weil sich die Blutmenge erhöht hat und das Kind mit Sauerstoff versorgt werden muss.

Di

Mi

Do

Fr

Sa

So

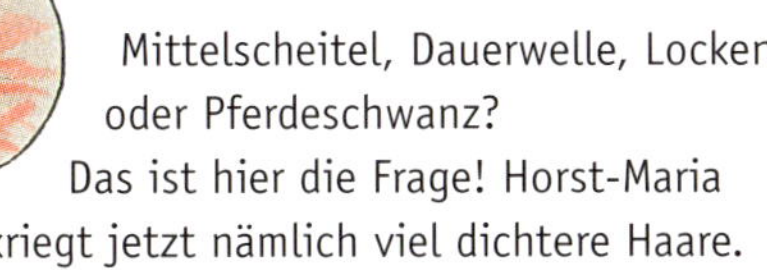

Mittelscheitel, Dauerwelle, Locken oder Pferdeschwanz?
Das ist hier die Frage! Horst-Maria kriegt jetzt nämlich viel dichtere Haare.

Dreckschleuder

Ein Wort unter Männern: Sie mögen Ihr Auto, nicht wahr? Sie pflegen es, außen und innen? Nun, ja, innen wird es sich in den nächsten Monaten und Jahren einen Hauch verändern: Der Boden wird von einer Schicht aus Reiswaffel-Resten, Taschentüchern, Brotkrümeln etc. bedeckt sein, die sich schon kurz nach der Beseitigung auf geheimnisvolle Weise wieder materialisiert. Und die Vordersitze werden an der Rückseite bräunlich dunkle Flecken aufweisen, weil Ihr Kind hinten im Kindersitz sitzend so gern mit den Füßen dagegendotzt. Sie werden sämtliche Erdsorten der näheren Umgebung auf den Sitzen finden und später – wenn Sie den Kampf um Sauberkeit aufgegeben haben – auch die der letzten drei bis vier Urlaubsorte, die Sie mit dem Wagen aufgesucht haben.

Langsam beginnt in Ihrem Kopf die Vorstellung heranzuwachsen, dass Sie ja nun bald Vater werden. Und auf einmal kriegen Sie einen Schreck und fragen sich Sachen wie: »Kann ich diese Verantwortung überhaupt übernehmen?« »Werde ich nun zum Spießer?« »Wird meine Frau jetzt zur Mutti?« »Bin ich nicht überhaupt viel zu unreif für all diese Sachen wie Erziehung, Familie, Elternabende?« Ich kann dazu nur sagen: cool bleiben. Das geht jedem so. Ich habe mir solche Fragen auch gestellt. Wenn das Kind erst da ist, hat man gar keine Zeit und auch keine Lust mehr, über solche theoretischen Fragen nachzudenken. Elternwerden ist nun mal eine gewaltige Aufgabe, mit der man praktisch über Nacht konfrontiert wird und für die man nicht einen Fitzel ausgebildet wird, obwohl es kaum etwas Wichtigeres für Menschen gibt. Aber so ist das nun mal. Für den Führerschein muss man sich abquälen. Aber um Vater zu werden, muss man nur … na, das wissen Sie ja.

16. *Woche*

Mo

Horst-Maria wiegt nun zwischen 125 und 135 Gramm und ist etwa 16 Zentimeter groß. Es kann jetzt sein Gesicht verziehen, am Daumen lutschen und pullert ohne Bedenken in die Gebärmutter.

Di

Mi

Do

Fr

Sa

So

Sie sollten sich jetzt schon mal auf DVD die einschlägigen Filme reinziehen. Das bringt Sie in die richtige Stimmung für den Nachwuchs. Als da wären »Drei Männer und ein Baby«, »Guck mal, wer da spricht« (aber nur Teil 1) und »Neun Monate« mit Hugh Grant. Was der kann, packen Sie schon lange.

17. *Woche*

Mo

Di

Mi

Do

Fr

Wenn Sie jetzt laut herumbrüllen oder Silvesterknaller in der Wohnung loslassen – Horst-Maria kriegt das jetzt mit und kann sich erschrecken.

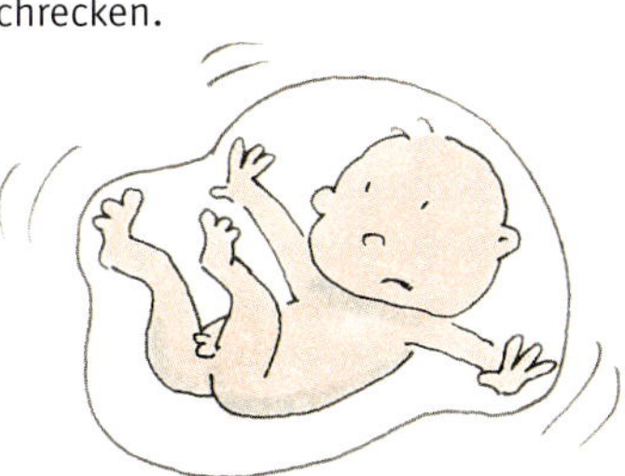

Sa

So

18. *Woche*

Mo

Okay – jetzt geht es los: Horst-Maria könnte schon anfangen, sich zu bewegen und im Bauch herumzurandalieren.

Di

Mi

Do

Fr

Sa

So

Lesen Sie jetzt laut: Ich werde Vater. Das ist gut! Das ist super! Kleine Hände werden meine groben Pranken zärtlich umfassen. Dünne Stimmchen werden »Papa« säuseln. Und ich werde glücklich sein. Zwar werden Kot, Speichel und Urin meine besten Hemden einsauen. Und ich werde monatelang nicht mehr schlafen als unsere Großväter an der Ostfront. Aber das wird mir nichts ausmachen. Absolut gar nichts. Verdammt, ich sage gar nichts! GAR NICHTS!

19. *Woche*

Mo

Di

Bald werden Sie das erste Ultraschallfoto Ihres Kindes sehen!
Also, das ist so was von klasse! Da werden selbst die härtesten Kerle weich wie Gouda in der Mittagssonne. Wenn da ein knapp 20 Zentimeter großer Zwerg aus dem Fernseher winkt, bleibt kein Auge trocken.

Mi

Do

Fr

Sa

So

20. *Woche*

Mo

Halbzeit! Horst-Maria ist etwa 20 bis 25 Zentimeter groß. Jetzt sind die Kindsbewegungen meist deutlich spürbar. Manchmal kann man sie sogar von außen sehen. Wie in dem Film »Alien« … okay, war ein etwas geschmackloser Vergleich.

Di

Mi

Do

Fr

Sa

Haben Sie schon einen Vornamen für den neuen kleinen Menschen? Man kann nämlich gar nicht früh genug mit der Suche anfangen. Weil es immer Streit gibt. Soll es Atom oder Bolz heißen? Borkhild oder Brunhilde? Mein Tipp: Besorgen Sie sich ein Namensbuch aus Holland, Schweden oder anderen europäischen Ländern. Da gibt's Spitzennamen!

So

Babysitter

Ja, ich weiß, Horst-Maria ist noch nicht einmal geboren, und ich rede hier schon von Dingen, die noch weit in der Zukunft liegen, zum Beispiel von den richtigen Babysittern. Aber Sie werden mir später dankbar sein, dass ich Sie schon jetzt auf dieses wichtige Thema angesetzt habe. Denn gute Babysitter sind Mangelware. Die besten sind ständig ausgebucht, und Sie müssen sich – wenn Sie den Anschluss verpasst haben – dann mit zwielichtigen Gestalten zufrieden geben, denen Sie nix zutrauen. Das sind die, die in amerikanischen Horrorfilmen immer umgebracht werden, weil sie sich nicht ordentlich um die Kids kümmern, sondern pimpern und saufen. Scannen Sie also Ihren Freundeskreis. Wer könnte später auf das Liebste aufpassen, das Sie haben? Gut geeignet sind Jugendliche ab etwa 15 Jahren. Sie müssen einen vernünftigen Eindruck machen. Nehmen Sie besser ein Mädchen. Jungs sind oft zu schusselig. Natürlich gibt es sehr fähige Ausnahmen. Lassen Sie sich nicht von Piercings oder Tattoos abschrecken. Die Kandidaten sollten aber im Stande sein, drei gerade Sätze zu sprechen. Der ultimative Test – leihen Sie sich, solange Sie Ihr eigenes noch nicht haben, ein Kind, laden Sie den potentiellen Sitter ein, reichen Sie ihm ohne Vorwarnung das Baby, und schauen Sie was passiert. Sie wissen dann schon, wer in Frage kommt.

Ach, ich kann Ihnen sagen: Wenn Sie erst Kinder haben, werden Sie zwar manchmal morgens etwas alt aussehen, aber ansonsten eine Art Verjüngungskur machen. Und zwar weil Sie Dinge machen werden, die Sie selber früher mit Ihren Eltern erlebt haben. Und das bringt das Kind in einem wieder »ratz fatz« zum Vorschein. Und das macht Spaß! Ich selber habe begeistert im Kasperletheater gesessen und nach dem Kasper gegrölt. Ich bin absurde Rutschen auf Spielplätzen heruntergedonnert, habe nach Jahrzehnten wieder einen Zoo besucht und mich über die Affen amüsiert. Ich habe mit meiner Frau und meinen beiden Jungs wunderbare Tage in Freizeitparks verbracht und dort die beknacktesten Fahrgeschäfte und Seelöwen-Shows erlebt. Wir haben auf dem Hamburger Dom zugesehen, wie Henri und Hannes etwa einhundert Mal im Polizeikarussell-Wagen im Kreis gefahren sind, wir haben auf DVD sämtliche Abenteuer der Augsburger Puppenkiste gesehen und – jetzt kommt das Beste: Wir waren alle vier zusammen im Weihnachtsmärchen. Schnief! Herrlich! Schööön! Das machen wir jetzt immer.

21. *Woche*

Horst-Maria wiegt jetzt etwa stattliche 450 Gramm und schwimmt munter durchs Fruchtwasser.

Mo

Di

Mi

Do

Fr

Sa

Ach, eines noch mal: Sex während der Schwangerschaft ist völlig okay. Nur damit Ihnen da kein Ewiggestriger irgendwelchen Unsinn erzählt.

So

22. *Woche*

Mo

Finger- und Zehennägel bilden sich. Außerdem kommt es meist zu einem merkwürdigen Phänomen: Wenn sich Ihre Partnerin ausruht, ist Horst-Maria am wildesten und flippt total aus.

Das bleibt so, bis das Kind zur Schule kommt. Nur, damit das klar ist.

Di

Mi

Do

Fr

Ich denke, Sie können jetzt mal selber ausprobieren, wie man sich als Kind so verhält. Also, zum Einstieg gehen Sie erst mal in eine Sandkiste und essen dort etwas Sand. Dann donnern Sie einem anderen Kind wort- und warnungslos einen Plastikeimer auf den Kopf. Wenn das andere Kind weint, weinen Sie sofort mit, damit der Schuldige nicht mehr ermittelt werden kann. Zum Abschluss urinieren Sie in Ihre Hose und sagen laut: »Baby muss pieschern!«

Sa

So

23. *Woche*

Mo

Ganz Wissbegierige können jetzt vorsichtig durch die Bauchdecke einzelne Körperteile des Kindes ertasten. Das kann sehr lustig sein. Aber nicht zu doll drücken, Mann.

Di

Mi

Do

Fr

Sa

Manche Eltern machen sich Gedanken, ob sie Stoff- oder Einmalwindeln für den Pürzel ihres Babys nehmen sollen. Wir haben das auch getan. Ich kann Ihnen nur sagen. Das ist – im wahrsten Sinne des Wortes – scheißegal. Die Umwelt versauen beide Varianten: Entweder produziert man tonnenweise Müll oder verbraucht Unmengen Wasser und Waschmittel. Also nehmen Sie ruhig die bequemen Einmalwindeln.

So

24. *Woche*

Mo

Di

Mi

Do

Fr

Sa

Horst-Maria ist jetzt zwischen 32 und 36 Zentimeter groß. Es hört ziemlich gut und reagiert auf Geräusche. Warum musizieren und singen Sie nicht ein bisschen für das Ungeborene? Es sieht zwar beknackt aus, wenn Sie vor dem Bauch Ihrer Partnerin herumtanzen und grölen – aber Horst-Maria wird zufrieden sein.

So

Urlaub

Wenn Horst-Maria geboren und die erste Aufregung vorbei ist, werden Sie sich sicherlich fragen, wohin es denn im Urlaub gehen könnte? Fliegen mag nicht jeder mit einem Baby. Endlose Autofahrten sind auch doof! Mein Tipp: die Nordseeinsel Amrum. Da sind im Sommer lauter Leute wie Sie: Kinderwagen, Ringe unter den Augen, noch ziemlich vorsichtig, und ab 20 Uhr werden dort die Bürgersteige hochgeklappt. Aber da dämmern Sie dann ja ohnehin schon komatös dem sehr frühen Morgen entgegen.

Großartig fand ich vor zwei Jahren die Antwort eines Kollegen von der taz auf die Frage, wie denn seiner Meinung nach die neue Bundesregierung aussehen solle. Er sagte: »Das ist mir egal. Hauptsache gesund!« Genau das sagt man ja immer, wenn die Frage kommt, ob man sich einen Jungen oder ein Mädchen wünsche. Und natürlich ist es auch die Hauptsache, dass Mutter und Kind gesund sind. Aber was ist denn nun, wenn Ihre Partnerin sich doch unbedingt ein Mädchen wünscht, weil sie mit vierzehn raubeinigen Brüdern groß geworden ist? Oder Sie unbedingt einen Jungen wollen, weil Sie mit dem derartig verschärft Fußball spielen wollen? Nun, ich will Ihnen dazu etwas aus meinem reichhaltigen Erfahrungsschatz als Vater sagen (du meine Güte, ich klinge ja wie ein Ratgeber-Onkel aus dem Fernsehen). Also: Es ist völlig egal, welches Geschlecht das Kind hat. Sie werden es lieben und sich irgendwann überhaupt nicht mehr vorstellen können, sich ein anderes für Ihren Nachwuchs gewünscht zu haben. So zumindest ging es allen Eltern, die ich kenne. Seien Sie also beruhigt, und nehmen Sie das, was der liebe Gott Ihnen schenkt.

Gratuliere!
Ein Junge
und ein
Mädchen

25. *Woche*

Mo

Di

Mi

Do

Und jetzt eine kleine Übung. Stellen Sie sich den Wecker auf ein, zwei, drei und vier Uhr nachts bzw. morgens. Stehen Sie dann jeweils auf, beugen Sie sich über ein imaginäres Kinderbett und säuseln Sie: »Ja, was hat denn unser kleines Scheißerchen. Ja, wat haddu denn? Haddu Hunger? Muddu schietern? Haddu Blähungen?« Und dann rufen Sie laut und extremst hell: »Rabähhhh!« Denn so wird die Antwort von Horst-Maria lauten.

Fr

Sa

So

26. *Woche*

Mo

Di

Mi

Do

Fr

Sa

Wissen Sie, wie Horst-Maria jetzt aussieht? Ich will es Ihnen sagen, aber erschrecken Sie nicht. Seine Haut ist fast noch durchsichtig, und sein kleiner Körper ist über und über mit einem haarigen, weichen Flaum bedeckt. Krass, was?

So

27. Woche

Mo

Di

Okay, bisher haben Sie sich nachts im Bett immer Nettigkeiten zugeraunt. Bald werden Ihnen die folgenden Sätze vertraut sein:
»Du bist dran mit Aufstehen.«
»Wo ist der verdammte Schnuller?«
»Hau ab, das Kind will auf deiner Seite schlafen!«

Mi

Do

Fr

Sa

So

28. *Woche*

Mo

Di

Was für ein kleiner Wonneproppen, unser Horst-Maria. Bringt doch glatt schon ein Kilogramm auf die Waage und ist ca. 38 Zentimeter groß.

Mi

Do

Fr

Sa

So

Kennen Sie eigentlich schon die Ein-Meter-Regel? Also die lautet so: Wenn Sie Kinder haben, muss alles, was Ihnen lieb und teuer ist, in etwa einem Meter Höhe deponiert werden. Der Grund: Wenn Ihr Kind etwa ein Jahr alt ist (und das geht rasend schnell, sag ich Ihnen), krabbelt es meist noch, fängt aber bereits an, sich schwer keuchend an Regalen, Schränken und Ähnlichem hochzuziehen, um dort alles in Griffweite herauszuzerren und zu Boden zu werfen. Außerdem uriniert es auf CDs, zerkratzt diese, greift zwanghaft in zerstörerischer Absicht in den Schacht von DVD-Recordern und schändet Bonsais und andere teure Pflanzen. Beugen Sie diesbezüglich also beizeiten vor. Man kann gar nicht früh genug damit anfangen. Ich verlor zwei Zappa-CDs, eine Blade-Runner-DVD (Director's Cut) und mein Abi-Zeugnis.

Fernmündliche Dialoge

Sie werden schon kurz nach Beginn des Spracherwerbs wunderbare Dialoge mit Horst-Maria führen. Ganz sicher wird dieser dabei sein:

»Hallo, mein Schatz, hier ist Papa!«
Schweigen.
»Huhu, Schatz, Papa ist am Telefon.«
Atmen.
»Na, was machst du denn gerade, Kleines?«
Atmen. Grunzgeräusch.
Der Hörer fällt zu Boden. Dann die Stimme der Gattin: »Aber er/sie hat ganz aufmerksam geguckt!

Später gibt es dann noch die folgende Variante:

Papa: »Na, was machst du denn gerade, Kleines?«
Kind: »Ich telefonier.«

Jetzt mal ein offenes Wort zwischen Männern. Es geht um Sex. Also eigentlich geht es um Nicht-Sex. Nach der Geburt ist nämlich erst mal Sendepause. Da läuft erst mal nix. Nada. Nothing. Klar, denken Sie. Harte Sache, so eine Geburt. Da muss man Rücksicht nehmen. Aber unter Umständen nicht nur zwei, drei Wochen. Das kann ein paar Monate dauern mit der Enthaltsamkeit. Nur, damit das klar ist. Sie werden zum Weltmeister im Rücksichtnehmen ausgebildet werden. Bleiben Sie cool, und entlasten Sie Ihre Partnerin, wo immer es geht. Wird alles wieder.

29. *Woche*

Mo

Ach, was war das damals für ein Spaß, als ich mit meinem sechsmonatigen Sohn in der Wanne saß und er mir eine wirklich mächtige Kotsäule ins lauwarme Wasser semmelte ... Sie sehen: Man beginnt sich als Vater über die absonderlichsten Dinge zu amüsieren. Freuen Sie sich schon mal drauf!

Di

Mi

Do

Fr

Sa

So

30. *Woche*

Mo

Ihre Partnerin hat jetzt häufiger schwache, kaum wahrnehmbare »Probewehen«. Horst-Maria allerdings kriegt davon eine ganze Menge mit und reagiert manchmal etwas ungehalten.

Di

Mi

Do

Fr

Sa

So

Machen Sie sich doch schon mal Gedanken über die Geburtsanzeige. Ich erzähle in diesem Zusammenhang immer gern von meinem Freund Dirk. Der druckte ein Foto seines Jungen in einem gestreiften Strampler. Neben dem Kleinen lag ein Zettel mit den Worten: Gefangener der RAF. Ich fand's lustig, andere geschmacklos. Na ja, man kann es nicht jedem recht machen.

31. *Woche*

Mo

Di

Mi

Do

Fr

Sa

So

Frauen nehmen während der Schwangerschaft zu. Ja, ich weiß, das ist nun nicht wirklich neu für Sie. Aber wussten Sie auch, dass viele Männer ebenfalls während der neun Monate dicker werden? Ha, das ist Ihnen neu, nicht wahr? Gut, jetzt sind Sie gewarnt. Die Ursachen für diese solidarische Mit-Zunahme sind noch nicht geklärt. Also passen Sie auf, dass nicht in Kürze jemand »Moppel« zu Ihnen sagt. Wenn Ihre Frau ordentlich reinhaut: gut – schließlich muss Horst-Maria versorgt werden. Sie hingegen haben keinerlei einleuchtende Begründung, wie entfesselt zu fressen. Nur damit das klar ist.

32. *Woche*

Mo

Di

Mi

Alle Achtung: Unser Nachwuchs hat schon wieder mächtig zugelegt. Horst-Maria wiegt etwa 1,3 bis 1,6 Kilo und ist ca. 40 Zentimeter groß. Alle Organe und Gliedmaßen sind vollständig entwickelt. Die Lunge braucht noch etwas. Käme Horst-Maria jetzt zur Welt, müsste es allerdings im Brutkasten weiterversorgt werden. Aber keine Panik – wird schon alles klargehen.

Do

Fr

Sa

So

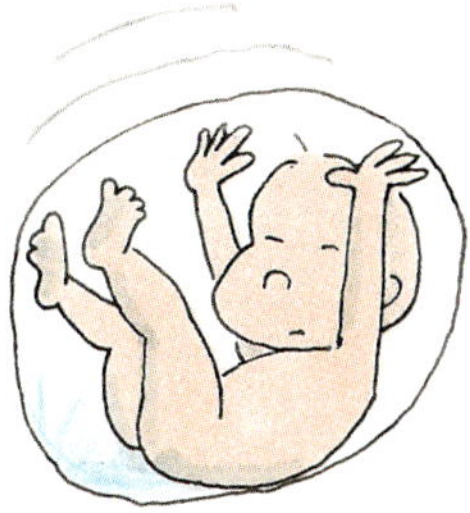

Fremdsprachen

Lassen Sie uns schon mal ein wenig Kindersprache üben:

»Brutz« – Brust
»Oh!« – universelles Wort für irgendeinen Weltbezug
»Sogn« – Socken
»Dindoira« –Dinosaurier
»Da« – zweites universelles Wort für irgendeinen Weltbezug
»Dinken« – Ich habe Durst!
»Bau« – Bauch
»Meerschenschen« – Meerschweinchen
»Möndel« – Windel
»Oh!« – Ich hätte zur Toilette gemusst
»Mea« – Ich will von allem mehr

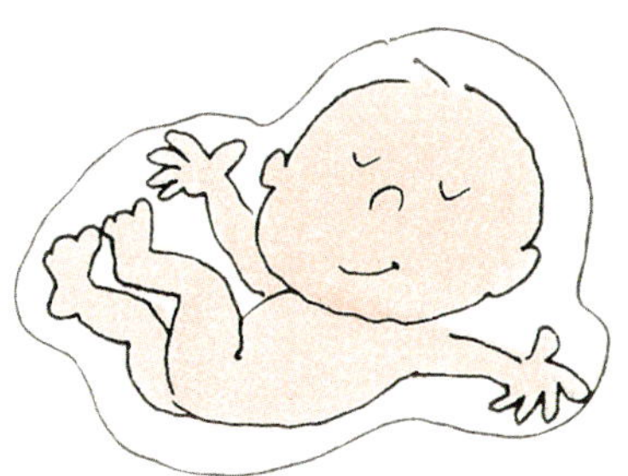

Nun, lieber Vater, wird es Zeit, die Wohnung kindgerecht zu gestalten. Sie brauchen zuallererst ein Kinderbett (Modell »Alcatraz« mit Gittern) und eine Wickelkommode mit einem Plastikaufsatz. Hier wird Horst-Maria beherzt und rückenschonend von Pippi und Kacki entsorgt. Ein verschließbarer Plastikeimer in Griffnähe der Kommode ist hilfreich, um das Fäkalien-Inferno geruchstechnisch im Zaum zu halten. Über der Kommode muss eine Wärmelampe angebracht werden. Babys verlieren nämlich unglaublich schnell an Wärme. Nun eben noch Windeln und weiche Reinigungstücher gekauft – und Horst-Maria kann kommen. Vorausgesetzt, Sie haben mit Ihrer Frau schon Strampler, Pullis, Mützchen, Socken und ein Lammfell gekauft. Ein was?, fragen Sie jetzt. Jawohl – ein Lammfell. Nun, Sie müssen natürlich nicht, aber eines sage ich Ihnen: So ein kuscheliges Lammfell – das hat was. Am besten Sie kaufen es schon, während Hotte-Mary noch im Bauch rumtobt. Bis zur Geburt legen Sie es dann in Ihr Bett, bis es richtig schön nach Mama und Papa riecht. (Auch deshalb sollten Sie übrigens nicht saufen, oder wollen Sie, dass das Fell nach Sprit riecht?) Und wenn Horst-Maria da ist, kriegt es das Fell in sein Bettchen und fühlt sich sofort wohl, weil es seine

Eltern auch in der Nacht riechen kann. Ja, ich rede von einem Menschenkind und nicht von einem kleinen Hund, obwohl das bei dem noch besser funktioniert.

33. *Woche*

Mo

Di

Was ist denn nun los, fragen Sie und Ihre Partnerin sich? Lernt Horst-Maria Karate oder was? Das Kind stößt und tritt tatsächlich, dass es nur so kracht im Gebälk. Der Grund: Es wird ihm allmählich zu eng.

Mi

Do

Fr

Sa

So

34. *Woche*

Mo

Di

Mi

Do

Ihr Baby wird immer wacher, kann bereits hell und dunkel unterscheiden und hört ziemlich oft zu, was Sie beide so machen.

Fr

Sa

Es kann übrigens sein, dass Sie sich nach der Geburt eine Zeit lang einen Busen wünschen. Denn es ist faszinierend: Kind schreit, zack, raus mit der Brust und Ruhe ist im Karton. Und Sie haben sich vorher einen abgebrochen, damit Horst-Maria Ruhe gibt. Aber das mit dem Busen-Wunsch hört wieder auf, Sie können ganz beruhigt sein.

So

Woche

Mo

Die aktuellen Daten:
Gewicht: ca. 2,5 Kilo
Größe: ca. 44 Zentimeter
Laune: meist spitzenmäßig.

Di

Mi

Do

Fr

Sa

So

Ich will Ihnen hier jetzt mal einen Tipp geben, für den Sie mir noch dankbar sein werden. Kaufen Sie sich vorsorglich schon mal das Buch »Jedes Kind kann schlafen lernen« von Anette Kast-Zahn. Das Werk ist Gold wert und hat schon zombiegesichtige, frühvergreiste, verweifelte Eltern gerettet, die nur noch bei halbem Bewusstsein durch die Gegend wankten, weil sie so unglaublich müde waren.

36. *Woche*

Mo

Wissen Sie eigentlich, was das Faszinierendste an einem Kind ist? Ich will es Ihnen sagen: diese unglaublichen, feisten kleinen Füße. Da können Sie sich schon mal drauf freuen.

Di

Mi

Do

Fr

Horst-Maria ist jetzt 45 bis 49 Zentimeter groß und voll entwickelt. Ab jetzt kann der Kopf ins Becken eintreten. Obacht: Vorwehen sind möglich.

Sa

So

Im Frühtau

Also, wenn Horst-Maria erst geboren sein wird, werden Sie die Welt draußen von einer ganz neuen Seite kennen lernen. Sonnenaufgänge, das morgendliche Gezwitscher von Vögeln, das Spiel des Lichtes in Tautropfen, wenn Sie mit müden Augen aus dem Fenster sehen, sehnsüchtiges Warten im Urlaubsort, dass es endlich 8 Uhr werden möge und der Bäcker aufmacht. Auch das Frühstücksfernsehen ist nicht nur doof. Aber eines tröstet über alles hinweg: Horst-Maria hat morgens immer Bombenlaune.

Ja, liebe Väter. Nun ist es bald so weit. Bald ist Horst-Maria da. Schluss mit dem Theoretisieren. Jetzt wird es ernst. Und damit meine ich nicht, dass das Kind Ernst heißen soll. Ich meine, dass all das, was bisher trotz der krassen Ultraschall-Bilder immer noch sehr abstrakt war, nun konkret wird. Bald, sehr bald wird im Ehebett in der Mitte zwischen Ihnen und Ihrer Partnerin ein kleines Wesen liegen und vor sich hin greinen. Und wahrlich, ich sagen Ihnen: Sie werden es bestaunen wie das achte Weltwunder. Sie werden es nicht fassen können, dass alles dran ist an dem kleinen Wurm. Sie werden der Schöpfung danken, dass so etwas Wundervolles wie der Zusammenbau eines neuen Menschen aus Ihrer beider Erbanlagen überhaupt möglich ist. Und Sie werden denken: Meine Eltern haben mich gezeugt, und jetzt habe ich ein Kind. So war es, und so wird es immer sein. Mit anderen Worten: Sie werden in einem ganz existenzialistischen Sinne innere Einkehr halten und den Atem der Geschichte spüren. Und ich hoffe für Sie, dass sich die Geschichte die Zähne geputzt hat!

37. *Woche*

Mo

Di

Mi

Do

Fr

Sa

Man kann es kaum fassen – aber Horst-Maria übt tatsächlich schon mal das Atmen und kriegt ab und zu Schluckauf.
Das sieht klasse auf dem Ultraschallbild aus.

So

Nichts wie raus!

38. *Woche*

Mo

Di

Mi

Do

Ihrer Partnerin geht das Gezappel im Bauch etwas auf die Nerven? Ich muss es hier noch mal erwähnen: Singen Sie! Nichts wird Horst-Maria besser zum Einschlafen bringen, als Ihr Gebrummel. Dabei ist es ganz egal, was Sie singen. Hauptsache, Horst-Maria hört die geliebte Stimme seines Erzeugers – auch wenn diese noch so atonal und dissonant klingt. Üben Sie schon mal. »Let It Be« kommt gut an oder auch »Bobby Brown« von Zappa.

Fr

Sa

So

39. *Woche*

Mo

Di

Und jetzt ein Witz zur Auflockerung:
Kommt ein junger Vater
ausgeschlafen zur Arbeit.
Der ist guuuuuuut!

Mi

Do

Fr

Müssen Sie einen Anzug bei der Arbeit tragen? Wenn ja, dann gewöhnen Sie sich schon mal an einen kleinen weißlichen Fleck auf der linken Schulter. Wenn Sie nämlich – was ich doch hoffen will – morgens zum Abschied Ihr Baby auf den Arm nehmen und herzen, dann wird es vor lauter Begeisterung sofort ein wenig brechen. Aber wissen Sie was? Das macht Ihnen dann gar nichts aus. Ich sach nur: »Zewa wisch und weg«. Und den kleinen weißlichen Fleck, der dann trotzdem bleibt, den werden Sie wie eine Trophäe tragen. Jawoll!

Sa

So

40. *Woche*

Mo

Di

So, jetzt kann es jeden Moment losgehen. Alles klar bei Ihnen? Auto vollgetankt? Tasche gepackt? Proviant dabei? Urlaub eingereicht? Horst-Maria ist jetzt etwa 50 bis 55 Zentimeter groß und wiegt um 3000 Gramm. Ihre Partnerin steht kurz vor den ersten starken Vorwehen, auch Senkwehen genannt. Jetzt wird es hart für sie. Bleiben Sie cool, so helfen Sie am besten.

Mi

Do

Fr

Sa

So

Notizen